東觀漢記

四

東觀漢記卷十九

列傳十四

張酺

張酺、字孟侯、（案范書本傳酺汝南細陽人）[redacted]祖父充與光武同門學、光武即位、求問充、充已死、永平九年、詔為四姓小侯開學、置五經師、酺以尚書授於南宮、令入授皇太子、太子家時為奢侈物、未嘗不正諫、甚見重焉、顯宗以酺授皇太子業、甚得輔導之體、章帝即位、出拜東郡太守、賜錢三十萬、酺下車、擢賢俊、擊豪强、賞賜分明、郡中肅然、薦

郡吏王青三世死節、青從此除步兵司馬、酺傷青不遂、復舉[illegible]子孝廉、元和二年、帝東巡狩、幸東郡、引酺及門生郡縣掾吏、並會庭中、帝先備弟子之儀、使酺講尚書一篇、使尚書令王鮪與酺相難、然後修君臣之禮、賞賜殊特、帝甚欣悅、酺罰斷義勇、遷魏郡太守、百姓垂涕送之滿道、和帝初[redacted]、酺上言、臣聞王者法天、熒惑奏事太微、故州牧刺史入奏事、所以通下問、知外事也、數十年以來、重其道歸煩擾、故時止勿奏事、今因以為故事、臣愚以為刺史視事滿歲、可令奏事如舊典、問州中風俗、

東觀漢記卷十九

列傳十四

張酺

張酺字孟侯（汝南細陽人。[illegible]書[illegible]傳）酺[illegible]祖父充與光武同門學，
光武即位，求問充，充已死。永平九年，詔為四姓小侯開
學，置五經師，酺以尚書授于南宮。令入授皇太子。太
子家時為奢侈物，未嘗不正諫，甚見重焉。顯宗以酺授皇
太子業，甚得輔導之體。章帝即位，出拜東郡太守，賜錢
三十萬。酺下車，擢賢俊，聚豪強，賞賜分明，郡中肅然。薦

郎吏王青三世死節，青從比陰步兵司馬，酺傷青不遂，
復舉[illegible]子蒸廉。元和二年，帝東巡狩，幸東郡，引酺及門
生郡縣掾吏，並會庭中。帝先備弟子之儀，使酺講尚書
一篇，使尚書令王鮪與酺相難，然後修君臣之禮，賞賜
殊特。帝甚欣悅，酺言斷義勇，遷魏郡太守，百姓垂涕送
之。滿道。和帝初，[illegible]酺上言：臣聞王者法天，熒惑奏事太
微，故州牧刺史入奏事，所以通下問，知外事也。數十年
以來，重其道歸煩擾，故時止勿奏事，今因以為故事。臣
愚以為刺史視事滿歲，可令奏事如舊典，問州中風俗。

忍好惡過所道、事所聞見考課衆職、下章所告、及所自
舉有意者賞異之、其尤無狀逆詔書、行罪法、冀敕戒其
餘、令各敬慎所職、于以衰滅貪邪便佞、酺拜太尉、[redacted]
詔射聲校尉曹褒案、漢舊儀制漢禮、酺以為褒制禮非
禎祥之特達、有似異端之術、上疏曰、褒不被刑誅、無以
絕毀實亂道之路、酺為太尉、父尚在、酺每遷轉、乃一到
雒、父來適會正臘、公卿罷朝、俱賀歲奉酒上酺父壽、極
歡、莫不嘉其榮、以日食免、

韓稜

韓稜、字伯師、潁川人也、除為下邳令、視事未朞、吏人愛
慕、時鄰縣皆雹傷稼、稜縣界獨無雹、遷南陽太守、下車、
表行義、拔幽滯、發摘姦盜、郡中震慄、權豪懾伏、政號嚴
平、

巢堪

巢堪、字次朗、太山南城人、為司空十四年、自乞上印綬、
賜千石俸、

魯恭

魯恭、字仲康、扶風人、父建武初為武陵太守、卒官、時恭

[illegible][illegible]逸過所道事所聞見若諫眾職下車所告及所自
舉相意若賞異之其尤無狀逆詔書行非法冀敕收其
脩令各敬慎所職于以京城會郡復後酺拜太尉[illegible][illegible]
詔射聲校尉曹褒案漢舊儀制漢禮酺以為褒制禮非
禎祥之特達有似異端之術上所回察不被刑誅與以
紀毀實亂道之路酺為太尉父尚在酺每遷轉乃一到
稚父來直會正臘公卿罷朝俱詣府奉酒上酺父壽極
歎莫不嘉其誠以日食免

韓稜

韓稜字伯師潁川人也除為下邳令視事未朞吏人愛
慕時鄰縣皆雹傷稼稜縣界獨無雹遷南陽太守下車
素行義拔幽滯發擿姦盜郎中憚懾權豪懾伏政號嚴
平

巢堪

巢堪字次朗太山南城人為司空十四年自乞上印綬
賜千石俸

魯丕

魯恭字仲康扶風人父建武初為武陵太守卒官時恭

年十二，弟丕年七歲，晝夜號踴不絶聲，郡中賻贈無所受，及歸服喪，禮過成人，耽思閉門講誦，兄弟雙高，太尉趙憙聞恭志行，每歲遣人送米肉，辭讓不敢當。恭憐丕小，欲先就其名，託病不仕，郡數以禮請，謝不肯應。母強遣之，恭不得已而行，因留新豐教授。建初中，丕舉秀才，恭乃始為郡吏，拜中牟令，宿訟許伯等爭陂澤田，積年州郡不決，恭平理曲直，各退自相責讓。時郡國螟傷稼，犬牙緣界，不入中牟。河南尹袁安聞之，疑其不實，使仁恕掾肥親往察之。恭隨行阡陌，俱坐桑下，有雉過，止其

旁，旁有童兒，親曰：何不捕之？兒曰：雉方將雛。親曰：所以來者，欲察君之治迹耳。（此句太平御覽作[illegible]。宋本有頃與恭訣，中本來考君界）（默然有頃，與恭訣）（有無蟲耳）今蟲不犯境，此一異也；化及鳥獸，此二異也；豎子有仁心，此三異也。府掾久留，但擾賢者，因還府具以狀白安。帝時伐匈奴，恭上疏諫曰：竊見竇憲、耿秉銜使奉命，暴師于外，陛下親勞，憂在軍役，誠欲以安定邊陲，為民除害。臣思之未見其便。數年以來，民食不足，國無蓄積，盛春興發，擾動天下，妨廢農時，以事夷狄，非所以垂意于中國，憫念民命也。恭上疏曰：舉無遺策，動不失

案陰文

其中（按此疏前後文闕范書不載未知何時所上）

魯丕

案陰文

魯丕字叔陵性沈深好學孳孳不倦（按虞世南北堂書鈔作專心于學朝夕孜孜）兼通五經以魯詩尚書教授為當世大儒拜趙相為政尚寬惠禮讓雖有官不廢教門生就學百餘人關東號曰五經復興魯叔陵

二月廿八 璜

案陰文

徐防

徐防（按范書本傳防字謁卿沛國銍人）上疏曰試論語本文章句但通度勿以射策冀令學者務本有所一心專精師門思核經意事得其實道得其真於此宏廣經術尊重聖業有益于化雖從來久六經衰微學問寖淺誠宜反本改矯其失安帝元年郡國被水災比州湮沒死者以千數災異數降西羌反叛殺略人吏京師淫雨蟊賊傷稼穡防比上書自陳過咎遂策免（按范書本傳防時為太尉參錄尚書事虞世南北堂書鈔云以日蝕免與此異）

案陰文

陳寵

陳寵字昭公沛國人曾祖父咸哀平間以明律令為侍御史王莽篡位父子相將歸鄉里閉門不出乃收家中

中國本如此何所據所傳書上不載

魯丕

魯丕字叔陵性沈深好學孳孳不倦 虞世南北堂書鈔

兼通五經以魯詩尚書教授為當世大儒拜趙相

為政尚寬惠禮讓雖有官不廢教授門生就學百餘人關

東號曰五經復興魯叔陵

徐防

徐防字謁卿沛國銍人 上疏曰試論語本文章句但通

度勿以射策冀令學者務本有所一心專精師門思核

經意事得其實道得其真於此弘廣經術尊重聖業有

益於化雖從來久六經衰微學問寖淺誠宜反本改矯

其先安帝元年郡國被水災以州說死者以千數從

與數降西羌反叛殺略入寇京師西羌賊傷稼(?)防

以上書自陳過咎遂策免 范書本傳防時為太尉參錄尚書事 虞世南北堂書鈔

元以日敘(?) 見與此異

陳寵

陳寵字昭公沛國人曾祖父咸成哀平間以明律令為侍

御史王莽篡位父子相將歸鄉里閉門不出乃收家中

律令文書壁藏之、以俟聖主、咸常戒子孫曰、為人議法、當依于輕、雖有百金之利、慎毋與人重比、故世人謂陳氏持法寬、寵辟司徒鮑昱府、掾屬專尚交遊、以不肯親事為高、寵常非之、獨勤心物務、為尚書、[redacted]性純淑、周密慎重、時有表薦、輒自手書削草、人莫得知、常言人臣之義、若不畏慎、自在樞機、謝遣門人、不復教授、絶知友之路、章帝時、決獄多近于重、寵上疏諫曰、先王之政、賞不僭、刑不濫、與其不得已、寧僭、故古賢君相歎息重戒者、重刑之至也、[redacted]為廣漢太守、先是雒陽城南每陰雨常

東觀漢記　卷十九　五

有鬼哭聲聞于府中、寵使案行、昔歲倉卒時骸骨不葬者多、寵乃敕縣埋葬、由是即絶、為廷尉、有疑獄、輒手筆作議、所活者甚多、

陳忠

陳忠、本（案忠、寵傳字伯始、）子、（范書）為尚書令、數進忠言、辭采鴻麗、前後所奏、悉上于官閣以為故事、疏曰、語云、迎新千里、送舊不出門、（案此疏前後文闕、范書不載、未知何時所上）

尹勤

尹勤、字叔梁、南陽人、治韓詩、事薛漢、身牧、承事親至孝、

案隱文

案隱文

三月廿九

律令文書壁藏之以俟聖主咸常戒子孫曰為人議法
當依于輕雖有百金之利慎毋與人重比故世人謂陳
氏持法寬寵辟司徒鮑昱府掾屬專尚交遊以不肯親
事為高寵常非之獨勤心物務為尚書●性純淑周密
慎重時有表議輒自手書削草人莫得知常言人臣之
義苦不畏慎自在樞機謝遣門人不復教授絕知友之
路章帝時決獄多近于重寵上疏諫曰先王之政賞不
僭刑不濫與其不得已寧僭故古賢君相歎息重戒者
重刑之至也●為廣漢太守先是雒陽城南每陰雨常

東觀漢記　卷十九　五

有鬼哭聲聞于府中寵使案行昔歲倉卒時骸骨不葬
者多寵乃敕縣埋葬由是即絕為廷尉有疑獄輒手筆
作議所活者甚多

陳忠

陳忠本（案忠[illegible]字范書傳[illegible]伯始）為尚書令數進忠言辭采鴻麗
後所奏於上于官闕以為故事所曰語云近新千里遠
篤不出門（案此詳前後文闕從書不載此未知何時所上）

尹勤

尹勤字叔梁南陽人治韓詩事薛漢身牧豕事親至孝

二案字俱隨文

無有交遊門生剕棘、

何熙

何熙、字〔案此下原闕一字〕溫〔案范書本傳作字孟孫陳國人〕身長八尺、體貌魁梧、與人絶異、和帝偉其貌、特拜謁者、熙能為威容、贊拜殿中、聲動左右、為御史中丞、羣僚憚之、

案隨文

魏霸

魏霸、字喬卿、〔案一本作字延年、〕濟陰人也、建初中為郎、霸孤兄弟子來候、霸以所乘車馬遣送之、至成皐、郎官有乘皂蓋車者、見兄子乘車、疑而格殺之、霸聞悲涙、晝夜泣涕、

東觀漢記　卷十九　　六

至病、為鉅鹿太守、妻子不到官舍、常念兄與嫂在家勤苦、而己獨尊樂、故常服麤糲、不食魚肉之味、婦親蠶桑、服機杼、子躬耕農、與兄弟子同苦樂、不得有異、鄉里慕其行、化之、性清約質樸、為政寬恕、正色而已、不求備于人、掾吏有過、輒私責數、不改、休罷之、終不暴揚其惡、為將作大匠、吏皆懷恩、人自竭節作業、無譴過之事、延平元年、仕為光祿大夫、〔案范書本傳、延平元年、霸為太常、明年以病致仕為光祿大夫、此延平元年下當有闕文〕霸妻死、長兄伯為霸取妻、送至官舍、霸笑曰、年老兒子備具矣、何用空養他家老嫗為、即自入辭、

案隨文

回平去況子備具寒何用空奪他家夫婿為即自入辭

當從有本闕文年下霸妻元長凡伯為霸取妻送至宮舍霸

元年任為光祿大夫明年記注書高本改傳仕庭為平元元秋平大諸夫為比本常

將作大匠更始懷恩入自遣節作業興譴過之事其為

入錄更有過輒私書教不改休罷之後不暴[illegible]其求備

其行化之任清約質樸為政寬正已而已不求

暇機於子弟耕農與兄弟子同苦樂不得有異

治而已焉專樂教常服粗糲不食魚肉之味婦親

至於為飾虎太守妻子不到官舍常念凡與媛在深

東觀漢記 卷十九 六

蓋車者見凡子乘車駮而格殺之霸聞進淚盡夜泣

弟子來侯霸以所乘車馬遣送之至成皋官有車

親霸字君卿以一本作隋入也建和中為郡霸

動右為御史中丞章條撣之

經昊和帝傳其親持拜謁者既能為威容儀拜殿中

何所字溫國閎陽溫里人作息長八尺體貌魁梧與人

何說

與右文選門生荊棘

案陰文

案字俱陰文

案陰文

其妻手奉案前跪，霸曰：「夫人視老夫復何中，而遂失計，義不敢相屈。」即拜而出。妻慚，求去，遂送還之。案此句從太平御覽

應順

應順，字華仲，汝南南頓人。少與同郡許敬善，敬家貧親老，無子，為敬去妻更娶。後為東平相，事後母至孝，精誠感應，梓樹生廳前屋上，徙置府庭，繁茂長大。

應奉

應奉案奉，順曾孫。范書本傳，奉字世叔。為武陵太守，興學校，舉側陋，政

稱遠邇。

應劭

應劭案劭奉子字仲遠。案范書本傳李賢注引續漢書文士傳作仲援，漢官儀又作仲瑗，未知孰是。父奉，司隸校尉。劭少便篤學，博覽多聞。

鄭璩

鄭璩，案璩，范書張酺傳作據。字平卿，黎陽人。建初五年，辟司徒府，拜侍御史，上疏曰：「臣斗筲之小吏，擢在察視之官，職任過分，當刺邪矯枉。」詔書示官府曰：「璩盡節剛正，亦何陵遲之有。」賜璩素六十匹，由是顯名，轉司隸校尉，為漢陽

遲之，有賜綠青六十匹，由是顯名，轉司隸校尉，為廣陵

過冶，當刺郡縣，往詣書示官府曰：豫盡節剛正，亦何陵

拜侍御史，上府曰：臣斗筲之小吏，擢在察視之官，職在

鄭璩 [illegible] 傳璩作說書號 字平卿，蔡陽人，建和五年，辟司徒府

鄭璩

是

父奉，司隸校尉。劭少便篤學，博覽多聞。

應劭 奉子也 字仲遠，傳作仲瑗 [illegible] 文注引續漢書作仲瑗

應劭

綽遠通

東觀漢記 卷十九 大

應奉 傳奉，順曾孫 字世叔 校補書 為武陵太守，興學校，舉側陋，政

應奉

應梓樹生廳前屋上，徙置府庭，繁茂長大。

先典子為郡吏，妻更娶，為東平相事，後母至孝，精誠感

應順字華仲，汝南南頓人，少與同郡許敬善，敬家貧親

應順

義不敢相屈，即拜而出，妻慚未去，遂送還之。

其妻手奉案前跪，霸曰：夫人視夫，夫復何中，而遂共計

案隆文　案隆文　案隆文

太守、以嚴刻見稱、

樂恢

樂恢、字伯奇、（園范書本傳京兆長陵人）恢父親為縣吏、有罪、令欲殺之、恢年十一、常伏寺東門外凍地、晝夜啼泣、令乃出親、京兆尹張恂召恢署戶曹吏、竇憲出征匈奴、恢上書諫曰、春秋之義、王者不理夷狄、得其地不可墾發、得其人無益于政、故明王之于夷狄、羈縻而已、孔子曰、遠人不服、則修文德以來之、以漢之盛、不務修舜禹周公之德、而無故興干戈、動兵革、以求無用之物、臣誠惑之、

何敞

何修生成、為漢膠東相、成生果、為太中大夫、果生比干、為丹陽都尉、遷廷尉正、張湯為廷尉、以殘酷見任、增飾法律、比干常爭之、存者千數、比干生壽、蜀郡太守、壽生顯、京輔都尉、顯生鄢、光祿大夫、鄢生寵、濟南都尉、寵生敞、（園范書本傳、敞字文高、扶風平陵人）為汝南太守、百姓化其恩禮、高譚等百八十五人推財相讓、

周榮

周榮、（園范書本傳、榮字平孫、廬江舒人）為尚書令、在納言、管機密、盡心

太守以嚴刻見稱

樂恢

樂恢字伯奇（范書本傳：京兆長陵人）父親為縣吏有罪令欲殺之恢年十一常伏寺東門外凍地晝夜號泣令乃出親京兆尹張恂召恢署戶曹吏竇憲出征匈奴恢上書諫曰春秋之義王者不理夷狄得其地不可墾發得其人無益于民故明王之于夷狄羈縻而已孔子曰遠人不服則修文德以來之以漢之盛不務修舜禹周公之德而無故興干戈動兵革以求無用之地臣誠惑之

何敞

何脩生成為漢膠東相成生果為太中大夫果生比干為丹陽都尉遷廷尉正張湯為廷尉以殘酷見任增飾法律比干常爭之存者千數比干生壽蜀郡太守壽生顯京輔都尉顯生鄢光祿大夫鄢生寵濟南都尉寵生敞（范書本傳：敞字文高扶風平陵人）為汝南太守百姓化其恩禮高讓者百八十五人推財相讓

周榮

周榮（范書本傳：榮字平孫廬江舒人）為尚書令在納言密機密盡心

篆陰文

篆陰文

奉職夙夜不怠

梁諷

梁諷北地弋居人征匈奴屯軍于邊以大漢威靈招之匈奴畏感奔馳來降諷輒爲信旛遣還營前後萬餘人相屬于道

李恂

李恂（范書本傳恂字叔英安定臨涇人）遭父母喪六年躬自負土樹栢常在冢下爲兗州刺史所種小麥胡蒜悉付從事一無所留清約率下常席羊皮布被食不二味爲張掖太守

有威重名時大將軍竇憲將兵屯武威天下州郡遠近莫不修禮遺恂奉公不阿爲憲所奏免復徵爲西域副校尉西域殷富多珍寶諸國侍子及督使賈胡數遺恂奴婢宛馬金銀香罽之屬一無所受還武威太守後坐事免無田宅財産居山澤結草爲廬餉遺無所受處新安關下拾橡實爲食

王渙

王渙（范書本傳渙字稚子河内温人）除河内温令商賈露宿人開門卧人爲作謡曰王稚子代未有平徭役百姓喜爲雒陽

三月廿七

册

案陸文

陸又案疑加一通下
案范書本傳時元和初年香為郎中

令、盜賊發不遠走、或藏溝渠、或伏甕下、渙以方略取之、
皆稱神明、馬市正數從買美飯家乞貸、不得輒毆罵之
至忿、渙聞知事實、便諷吏解遣、

黃香

黃香、字文彊、江夏安陸人也、父況舉孝廉、為郡五官掾、
貧無奴僕、香躬執勤苦、盡心供養、冬無被袴、而親極滋
味、暑即扇牀枕、寒即以身溫席、年九歲、失母、慕思憔悴、
殆不免喪、鄉人稱其至孝、年十二、博覽傳記、家業虛貧、
衣食不贍、舅龍鄉侯為作衣被、不受、香為中郎章帝賜

香淮南孟子各一通、詔[redacted]令詣[redacted]東觀讀所未嘗見
書、謂諸王曰、此日下無雙江夏黃童也、詔詣安福殿賜
錢三萬、黃白紼各一端、香知古今記、羣書無不涉獵、兼
明圖讖、（案萬明、太平御覽作萬好）天官星氣、鍾律歷算、窮極道術、京
師號曰、天下無雙、國士瞻重、京師貴戚慕其聲名、更饋
衣物、拜尚書郎、嘗獨止宿臺上、晝夜不離省闥、上聞善
之、以香父尚在、賜卧几靈壽杖、香拜左丞、功滿當遷、詔
書留增秩、拜尚書、遷僕射、香上疏曰、以錐刀小用、蒙當見
宿留、為尚書、曉習邊事、每行軍調度、動得事理、上知其

案降文

案降文

勤數加賞賜香勤力憂公畏慎周密每用奏議所建畫未嘗流布然執事平法常持輕類全活非一為魏郡太守俗每太守將交代添設儲峙輒數千萬香未入界移敕悉出所設什器及到頗有即徹去到官之日不祭竈求福閉門絕客

黃瓊

黃瓊（案香子瓊）字世英以德行高妙公車徵拜議郎

黃琬

黃琬（案瓊孫琬）字子琰少失父曾祖香祖瓊並有高名

東觀漢記　卷十九　十一

張霸

張霸字伯饒蜀郡成都人年數歲有所噉必先讓父母鄉里號曰張曾子九歲通春秋復欲進業父母語汝小何能多少以樊儵刪嚴氏公羊春秋猶多繁詞乃減為二十萬言更名張氏之學

案降文

周紆

周紆字文通（案范書本傳紆下邳人）為勃海太守詔書到門不出先遣吏到屬縣盡決罪行刑坐徵詣廷尉繫獄數日免歸家貧無以自贍身築墼以自給食章帝知憐之復以

篆陰文

為郎、

李充

李充、（闕范書本傳充、字大遜陳留人、）兄弟六人、出入更衣、家貧親老、充妻勸異居、充使釀酒會親戚、充啟其母曰、此婦勸異居、不可奉祭祀、請去之、遂叱去其婦、嘗平為陳留太守、請充署功曹、充不受、平怒、乃援充以捐溝中、因謫署都亭長、

司馬均

司馬均、字少賓、東萊人、隱居教授、誠信行乎州里、鄉人

有爭曲直者、輒言敢祝少賓乎、心不直者、終不敢祝也、

汝郁

汝郁、字叔異、陳國人、年五歲、母被病、不能飲食、郁常抱持啼泣、亦不飲食、母憐之、強為餐飯、欺言已愈、郁視母色未平、輒不食、宗親共異之、郁再徵、載病詣公車、尚書勅郁自力受拜、郁乘輦白衣詣止車門、臺遣兩當關扶郁入、拜郎中、

張表

張表、字公儀、奉之子也、（闕范書、張奉附見劉平諸人傳序、表不載、）遭父喪疾

篆陰文

二月廿八

案隨文

案隨文

案語隨出一行

案隨文

病曠年目無所見耳無所聞服闋醫藥救療歷歲乃瘳每彈琴惻愴不能成聲見酒食未嘗不泣宗人親厚節會飲食宴爲表不設樂（案此段從太平御覽輯錄）

郭玉

郭玉者（案常璩華陽國志玉字通直）廣漢人也學方診之伎和帝奇異之乃試令嬖臣美手腕者與女子雜處帷中使玉各診一手玉言左陽脈右陰脈有男女疾若異人臣疑其故帝歎稱善

鄭衆

（案范書有宦者傳載鄭衆以下九人放劉知幾史通謂桓帝令崔實等作孫程傳稱程爲順帝功臣則知本書不別立宦者傳今從之編附于各朝諸臣後用見當日史官曲筆爲記述者之戒）

鄭衆字季產（案范書衆南陽犨人）本傳爲人謹敏有心永平中初給事太子家肅宗即位拜小黃門遷中常侍和帝初竇太后秉政兄大將軍憲等並竊威權朝臣上下莫不附之而衆獨一心王室不事豪黨帝親信焉及憲兄弟圖作不軌衆遂首謀誅之以功遷大長秋

東觀漢記卷十九

鄭

案陵文

東觀漢記卷二十

列傳十五

張敏

張敏、案范書本傳、敏字伯達、河間鄚人、拜司空、以行大射禮陪位頓仆、策曰、今君所苦未瘳、有司奏君年體衰羸、郊廟禮儀仍有曠廢、鼎足之任、不可以缺、重以職事留君、其上司空印綬、

楊震

楊震字伯起、弘農人、受歐陽尚書于桓郁、明經博覽、無

不窮究、諸儒爲之語曰、關西孔子、楊伯起、震公廉不受私謁、子孫常疏食步行、故舊長者或欲令爲開產業、震不肯、曰、使後世稱爲清白吏子孫、以此遺之、不亦厚乎、爲東萊太守、道經昌邑、邑令王密、故所舉茂才、夜懷金十斤以遺震、震曰、故人知君、君不知故人、何也、密曰、夜無知者、震曰、天知神知、何謂無知、爲太尉、性忠誠、每陳諫諍、中常侍樊豐等譖之、收印綬、歸本郡、震到雒陽都亭、顧謂子及門生曰、吾蒙恩居上司、姦臣狡猾而不能誅、寵嬖傾亂而不能禁、帑藏虛、賞賜不節、而不能塞、何

二案字似隱文

案隱文

案隱文

面目以見日月、遂飲酖而死、

楊秉

楊秉、案秉本傳、秉震仲子、秉字叔節、范書諫桓帝曰、王者至尊、出入有常、警蹕而行、案范書本傳、時帝數微行、故秉有是諫

楊賜

楊賜、案賜秉子、字伯獻、光和中、有虹蜺晝降嘉德殿、上引賜等入金商門崇德署、問以祥異、對曰、案春秋讖曰、天投蜺、天下怨、海內亂、加四百之期、象見吉凶、聖人則之、今妾媵嬖人閹尹之徒、共專國朝、欺罔日月、而令搢紳之徒、委伏畎畝、口誦堯舜之言、身蹈絕俗之行、亡捐溝壑、

不見逮及、冠履倒易、陵谷代處、案范書本傳、時爲光祿大夫、賜代劉郃爲司徒、帝欲造畢圭靈昆苑、賜上疏諫曰、竊聞使者並規度城南民田、欲以爲苑、昔先王造囿、裁足以修三驅之禮、薪萊芻牧、皆悉往焉、先帝之制、左開鴻池、右作上林、不奢不約、以合禮中、今猥規郊城之地、以爲苑囿、廣壞田園、廢民居、畜禽獸、殆非所謂保赤子之義、以病罷居無何、拜太常、詔賜御府衣一襲、自所服冠幘綬、玉壺革帶、金錯鉤佩、

陸文要該加薛苞下（案）范書劉平等諸人傳序苞作包

言花明

李陸文

任尚

任尚編草爲船、置于箄上、以渡河、掩擊羌胡、

薛苞

汝南薛苞、字孟常、喪母、以孝聞、父娶後妻而憎苞、分出、日夜號泣不能去、至被毆杖、不得已、廬于舍外、旦入而洒掃、父怒、又逐之、乃廬于里門、晨昏不廢、積歲餘、父母慙而還之、

馮良

馮良、字君郎、南陽人、少作縣吏、恥在廝役、因壞車殺馬、毀裂衣冠、從杜撫學、

所輔

所輔、平原人、爲縣門下小吏、縣令劉雄爲賊所攻、欲以矛刺雄、輔前叩頭、以身代雄、賊等遂戟刺輔、貫心洞背、即死、東郡太守捕得賊、具以狀上、詔書傷痛之、

蔡倫

蔡倫、字敬仲、桂陽人、爲中常侍、有才學、盡忠重慎、每至休沐、輒閉門絶賓客、曝體田野、典作尚方、造意用樹皮及敝布魚網作紙、（案）一本作倫典尚方作紙用故麻名麻紙木皮名穀紙魚網名網紙 元

案隱文

案隱文

興元年、奏上之、帝善其能、自是莫不用、天下咸稱蔡侯紙

龐參

龐參、字仲達、河南緱氏人（案范書本傳、參）拜漢陽太守、郡民任棠者、有奇節、參到往候之、棠不與言、但以韰一本、水一杯、置戶屏前、自抱孫兒伏于戶下、參思其微意、良久曰、棠是欲曉太守也、水者、欲吾清也、拔大本韰、欲吾擊强宗也、抱兒當戶、欲吾開門恤孤也、于是歎息而還、參在職果能抑豪助弱、以惠政得民、爲太尉、以災異策免、

李固

固（李）字子堅、漢中南鄭人也、司徒郃之子、固貌狀有奇表、鼎角匿犀、足履龜文、少好學、常步行隨師、不遠千里、

張躭

張躭將吏兵、繩索相懸、上通天山、（案此段從李賢范書順帝紀注彙入）

左雄

劉據爲大司農、以職事被譴、召詣尚書、將加箠撻、尚書左雄（案范書本傳、雄字伯豪、南郡涅陽人）諫帝曰、九卿位亞三公、行則鳴玉、孝明永平始加撲罷、非古制也、帝從之、卿于是始免

案陰文
案陰文
案陰文

撲掛篓

周擧

周擧字宣光、（案范書[redacted]本傳、擧汝南汝陽人、）姿貌短陋、而博學洽聞、爲儒者所宗、京師語曰、五經縱横周宣光、

張綱

梁冀作平上軿車、侍御史張綱、（案范書[redacted]本傳、綱字文紀、犍爲武陽人、）獨埋輪于雒陽都亭、曰、豺狼當道、安問狐狸、遂奏冀、

王堂

王堂、（案范書本傳、堂字敬伯、廣漢郪人、）爲汝南太守、教掾吏曰、其憲章朝右、委功曹陳蕃、

吳祐

吳祐字季英、陳留人、父恢、爲南海太守、祐年十二、恢欲殺青簡以寫經書、祐諫曰、今大人踰越五嶺、遠在海濱、其俗舊多珍怪、此書若成、則載之兼兩、昔馬援以薏苡興謗、王陽以衣囊徼名、嫌疑之間、誠先賢所慎也、恢乃止、撫其首曰、吳氏世不乏季子矣、年二十、喪父、獨居、家無擔石、而不受贍遺、常牧豕于長垣澤中、行吟經書、遇父故人、謂之曰、卿二千石子、而杖鞭牧豕、縱子無恥、奈

誤文 膠東相下

按范書本傳祐舉孝廉以光祿四行遷膠東侯相

君父何祐辭謝而已守志如初公沙穆遊太學無資糧乃變服客傭爲祐賃舂祐與語大驚遂共訂交于杵臼之間遷膠東相政惟仁簡以身率物民有相爭訴者輒閉閤自責然後科其所訟以道譬之或身到閭里重相和解自是爭隙省息吏民不欺

祝良

祝良字邵平長沙人爲雒陽令常侍樊豐妻殺侍婢置井中良收其妻殺之

朱遂

中山相朱遂到官不出奉祠北嶽詔曰灾暴緣類符驗不虛政失厥中狼灾爲應至乃殘食孩幼朝廷愍悼思維咎徵博訪其故山嶽尊靈國所望秩而遂比不奉祠怠慢廢典不務懇惻淫刑放濫害加孕婦毒流未生感和致灾其詳思改救追復所失不有遵憲舉正以聞

案司馬五行志陽嘉元年十月望都蒲陰狼殺兒童九十七人故有是詔范書失載

丘騰

丘騰知罪法深大懷挾姦巧稽留道路下獄死

韓昭

案陰文

韓昭强賦一億五千萬，檻車徵下獄。

趙序取錢縑三百七十五萬。

趙序

孫程

孫程字稚卿，北新城人，衛康叔之胄孫林父之後。爲中黄門。安帝崩，初江京等譖誣太子，廢爲濟陰王，居西鍾下。徵北鄉侯爲嗣。（案范書安帝紀及本傳，此句上下當有闕文。）程謀誅江京于盛化門外，與馬國等相見，詐謂馬國曰：天子與我稟脯，與若稟者，使早成之。程等十八人收斬江京、閻顯等，

迎立濟陰王，是爲順帝。閻顯弟景爲衛尉，從省中還外府收兵，至盛德門，尚書郭鎮率直宿羽林出，逢景，景因斫鎮，不中，鎮劍擊景墮車，左右以戟叉其胸，禽之，送廷尉。以功封程爲浮陽侯，萬戶。又封中黄門王康華容侯，王國酈侯。

苗光

孫程賦棗脯，分與苗光，曰：以爲信，今暮其當著矣。漏盡，光爲尚席直事，通燈，解劍置外，持燈入章臺門。程等適入，光走出門，欲取劍，王康呼還，光不應。光得劍，欲還入

門已閉、光便守宜秋門、會李閏來出、光因與俱迎濟陰王、幸南宮雲臺、詔書録功臣、令康疏名、康詐疏光入章臺門、光謂康曰、緩急有問者當相證也、詔書封光東阿侯、食邑四千戶、未受符策、光心不自安、詣黄門令自告、有司奏光欺詐主上、詔書勿問、遂封東阿侯、邑千戶、

范書失載

籍建

中常侍籍建、追封爲汝陰東鄉侯、

案陸文　案陸文　案陸文　案陸文

東觀漢記卷二十一　　　　校録黄繩祖

列傳十六

胡廣

胡廣、（案范書本傳、廣字伯始、南郡華容人、）為太傅、總録尚書事、時年八十、而心力克壯、母在堂、朝夕瞻省、旁無几杖、言不稱老、達練事體、明解朝章、雖無謇直之風、屢有補裨之益、

陳龜

陳龜、（案范書本傳、龜字叔珍、上黨泫氏人、）為五原太守、後卒、西域胡夷、并涼民庶、咸為舉哀、弔祭其墓、

劉祐

劉祐、（案范書本傳、祐字伯祖、中山安國人、）為河東太守、時屬縣令長率多中官子弟、百姓患之、祐到、摧其權强、平理冤結、政為三河表、

李雲

桓帝誅大將軍梁冀、而中常侍單超等五人皆以誅冀功、並封列侯、又立掖庭民女亳氏為皇后、數月間、后家封者四人、賞賜巨萬、時地數震裂、衆灾頻降、白馬令李雲（案范書本傳、雲字行祖、甘陵人、）素剛、憂國、乃露布上書、移副三府、曰、

校録黄緗祖

孔子曰、帝者諦也、今官位錯亂、小人諂進、財貨公行、政令日損、是帝欲不諦乎、帝得奏震怒、下有司、送雲黄門北寺獄、弘農五官掾杜衆傷其忠直獲罪、上書願與雲俱得死、遂俱死獄中、

韋毅

韋毅為陳留太守、桓帝延熹九年、坐贓自殺、

案隆文

宗資

汝南太守宗資、（案范書本傳李賢注引謝承書云、資字叔都、南陽安衆人）任用善士、朱紫區別、

東觀漢記　卷二十一　二

陳蕃

陳蕃、（案范書本傳、蕃字仲舉、汝南平輿人）為光禄勳、上疏切諫云、鄙諺曰、盗不過五女門、以女能貧家也、今後宮之女數千、食肉衣綺、豈不貧國乎、（案范書本傳、桓帝時封賞踰制、内寵猥盛、蕃上疏諫、帝頗納其言）

案隆文

案隆文

段熲

段熲、字紀明、（案范書本傳、熲武威姑人）有文武智畧、時東郭竇公孫舉等、聚衆三萬人為亂、遣兵討之、連年不克、桓帝詔公卿選將有文武者、司徒尹訟薦熲、乃拜為中郎將、熲到、設施方畧、旬月、羣盗悉破、熲破羌胡、（案范書熲傳、時延熹二年）明

案隆文

案隆文

三案字傳隆文

案隆文

案隆文

校錄　黃繩祖

年春、餘羌復寇張掖、熲自下馬大戰、力盡、羌亦引退、熲追之、晝夜兼行、食雪四十餘日、熲上疏曰、先零諸羌討之難破、降為上策、戰為下計、案范書本傳、熲期於誅盡諸羌、深詆招降之謬、此疏當非熲語、太后詔云、此以慰仲光、馬賢等亡魂也、案范書靈帝建寧元年春、熲大破先零諸種于逢義山、時竇太后臨朝、下詔襃熲、此其詔文、熲曰、張奐事勢相反、遂懷猜恨、案范書本傳、建寧元年夏、熲復敗羌、時張奐上言、羌種難盡、宜以恩降、詔書下熲、故熲上奏之、此其奏中語、熲起於徒中、為并州刺史、滅羌有功、後徵還京師、熲乘輕車、介士鼓吹、曲蓋朱旗、馬騎五萬餘匹、殷天蔽日、鉦鐸金鼓、雷震動地、連騎繼跡、彌

數十里、詔賜錢千萬、七尺絳襜褕一領、赤幘大冠一具、熲上言、[illegible]掠得羌侯君長金印四十三、銅印三十一、錫印一枚、長史司馬涉頭長燕烏校棚水塞尉印五枚、紫綬三十八、案太平御覽作紫綬十七、艾綬二十八、黃綬二枚、皆簿入也、

劉寬

劉寬、案范書本傳、寬字文饒、弘農華陰人、為南陽太守、溫仁多恕、吏民有過、但用蒲鞭罰之、示辱而已、寬簡略嗜酒、嘗有客遣蒼頭市酒、迂久大醉而還、客不堪之、罵曰畜產、寬須臾遣

案陰文

二案字陰文

案陰文

校録黄繩祖

人視奴、疑必自殺、顧左右曰此人也、罵言畜産辱孰甚馬、吾懼其死也、寛夫人試寛意、伺當朝會、裝嚴已訖、使婢奉肉羹、翻汚朝衣、婢遽收之、寛神色不異、乃徐語曰、羹爛汝手、

陳球

陳球、案范書本傳、球字伯眞、下邳淮浦人、為繁陽令、清高不動、

張奐

張奐、字然明、案范書本傳、奐敦煌酒泉人、為安定屬國都尉、羌離湳上奐馬二十匹、案范書本傳時先零酋長仍遺奐金鐻八枚故奐有使金如粟之語此有闕文

奐召主簿張祁入于羌前、以酒酹地曰、使馬如羊、不以入廄、使金如粟、不得入懷、盡還不受、使匈奴、案范書本傳、奐由安定屬國都尉、遷使匈奴中郎將、此有闕文休屠各及朔方烏桓、並同反叛、遂燒度遼將軍門、列屯赤地、煙火相望、兵衆大恐、各欲亡去、奐安坐帷中、與弟子誦書自若、軍士稍安、桓帝時、為武威太守、其妻懷孕、夢見帶奐印綬、登樓而歌、乃訊之于占者、曰必生男、復臨茲邦、命終此樓、既而生猛、以建安中為武威太守、前刺史邯鄲商為猛所殺、據郡反、為韓遂所攻、州兵圍之急、猛自知必死、恥見禽、乃登樓自

案陰文

校録黄繩祖

焚而死

陽球

陽球、字方正、（案范書本傳、球漁陽泉州人、）為司隸校尉、詣闕上書謝恩、表言常侍王甫罪過、奔車收送詔獄、自臨考之、父子皆死于杖下、乃磔甫尸、署曰賊臣王甫、于是權門惶怖股慄、莫不雀目鼠步、京師肅然、曹節見甫尸、乃收淚入言球罪、帝徙為衛尉、球叩頭曰、願假臣一月、必令豺狼鴟梟、悉伏其辜、

趙咨

趙咨、字文楚、東郡燕人、至孝、躬率子孫耕農為養、盜嘗夜往劫之、咨恐母驚惶、乃先至門迎盜、因請為設食、謝曰、老母八十、疾病須養、居貧無儲、乞少置衣糧、妻子餘物無所惜、諸盜皆慚嘆、跪曰、所犯無狀、干暴賢者、言畢奔走、大司農陳奇（案范書本傳作陳蕃、）舉咨至孝

案陰文

荀曇

荀曇、字元智、潁川潁陰人、為廣陵太守、正身疾惡、其兄荀昱為沛相、乃相與共除閹黨、後昱與大將軍竇武謀誅中官、與李膺俱死、曇亦禁錮終身、

案低文

案低文

案低文

二案字低文

校録黄繩祖

符融

符融、（案：范書本傳、融字偉明，陳留浚儀人）妻亡，貧無殯斂，鄉人欲為具棺服，融不肯受，曰：古之亡者，棄之中野，帷妻子可以行之，但即土埋藏而已。

高彪

高彪、（案：范書本傳、彪字義方，吳郡無錫人）除郎中，校書東觀，後遷外黄令，畫彪形像，以勸學者。

范丹

范丹字史雲、（案：范書本傳、陳留内黄人）丹為萊蕪長，遭黨錮事，推鹿車載妻子，捃拾自資，有時絕糧，丹言貌無改，閭里歌之曰：甑中生塵范史雲，釜中生魚范萊蕪。

韓卓

韓卓、字子助、陳留人，臘日奴竊食祭其母，卓義其心，即日免之。

曹節

曹節、（案：范書本傳、節字漢豐，南陽新野人）上書曰：功薄賞厚，誠有踧踖。此（案）書未知何時所上，要是濫賞時偽讓之辭。

皇甫嵩

案隱文　　案隱文　　案隱文　　二案字係隱文

校録　黄縄祖

皇甫嵩、（案范書本傳、嵩字義真、安定朝那人、）上言四姓權右、咸各斂手

王允

尚書令王允、（案范書本傳、允字子師、太原祁人、）奏曰、太史令王立説孝經六隱事、能消却姦邪、常以良日、允與立入、為帝誦孝經一章、以丈二竹簟畫九宮其上、隨日時而出入焉、及允被害、乃不復行也、

趙温

趙温、字子柔、蜀郡成都人、初為京兆郡丞、歎曰、大丈夫生當雄飛、安能雌伏、遂棄官而去、後官至三公、

孔融

孔融、（案范書本傳、融）字文舉、魯國人、上書曰、先帝褒厚老臣、懼其隕越、是故扶接助其氣力、三公刺掖近、為憂之、非警戒也、云備大臣、非其類也、

蔡邕

蔡邕、（案范書本傳、邕字）伯喈、陳留圉人、詔問有黑氣墮温明殿東庭中、如車蓋、騰起奮迅、五色、有頭、體長十餘丈、形似龍似虹蜺、邕對、虹著於天而降施于庭、以臣所聞、則所謂天投蜺者也、（案司馬彪五行志、此靈帝光和元年六月事、）虹晝見御座殿庭前、色青赤、上引

二案字陰文

校錄黃繩祖

邕問之，對曰：虹蜺小女子之祥。案范書靈帝紀此光和元年七月事，蓋兩月間虹災再見。邕徙朔方，上書求還，續成十志。案劉昭續漢書注載邕所上書略云：臣自在布衣，常以為漢書十志下盡王莽，而世祖以來惟有紀傳，無續志者。臣所師事故太傅胡廣，知臣頗識其門戶，略以所有舊事與臣，雖未備悉，粗見首尾，積累思惟二十餘年。不在其位，非外吏庶人所得擅述。天誘其衷，得備著作郎，建言十志皆當撰錄，遂與議郎張華等分受之。難者皆以付臣。先治律歷，以籌算為本，天文為驗，請太史舊注，考校連年，往往頗有差舛，當有增損，乃可施行，為無窮法。道至深微，不敢獨議。郎中劉洪密于用算，故臣表上洪與共參思圖牒，尋繹適有頭角。會臣被罪，逐放邊野。臣竊自痛，一為不善，使史籍所闕，胡廣所校二十年之思，中道廢絕，不得究竟。誠恐所懷隨軀腐朽，抱恨黃泉，遂不設施。謹先顛踣科條諸志，臣欲刪定者一，所當接續者四，前志所無臣欲著者五，及經典羣書所宜捃摭，本奏詔書所當依據，分別首目，并書

章左，顯下東觀，推求諸奏，參以璽書，以補綴遺闕，昭明國體。攷十意即十志也。李賢范書本傳注載十意之目云：律歷意第一，禮意第二，樂意第三，郊祀意第四，天文意第五，車服意第六。餘闕。又劉知幾史通稱邕于熹平中作朝會、車服二志，知十意中當有朝會[illegible]具，蓋邕所作十意，今[illegible]得其七，其三篇則不可攷[illegible]云。

案陰文

周珌

周珌案范書珌見董卓、袁紹諸傳，以珌為漢陽人。李賢注引英雄記作周毖，字仲遠，武威人。豫州刺史慎之子也。

案陰文

劉翊

劉翊案范書本傳翊字子相，潁川潁陰人。為汝南太守，舉郡人許靖計吏，察孝廉，除尚書郎，典選舉。

校録黄緬祖

郭汜

獻帝幸弘農、郭汜〔案李賢范書董卓傳注引劉艾獻帝紀云、汜張掖人〕日擄掠百官婦女有美髮者、皆斷取之、

呂布

呂布、〔案范書本傳、布字奉先、五原九原人〕以奮威將軍如三事、

蔣疊〔案蔣疊以下二十八人未審係何時代、他書亦無可攷、編附于此〕

蔣疊、字伯重、爲太僕、久在臺閣、文雅通達、明故事、在九卿位、數言便宜、奏議可觀、

須誦

須誦、爲郡主簿、獲罪詣獄、引械自椓口、口出齒、獲免、

馮模

馮模、爲司空、坐隴西太守鄧融免官、

周行

周行爲涇令、下車嚴峻、貴戚跼蹐、京師肅清、

劉訓

劉訓、拜府令、時東州郡國相驚有賊、轉至京師、吏民驚皆奔城郭、訓即夜詣省、欲令將近兵據門以禦之、

雍儵

看廿八校

雍儵、字長魚、事母至孝、母嘗病癰、儵晝夜匍伏、不離左右、至為吮癰、

梁福

司部災蝗、臺召三府驅之、司空掾梁福曰、普天之下、莫非王土、不審使臣驅蝗何之、災蝗當以德消、不聞驅逐、時號福為真掾、

范康

范康為司隸校尉、務大綱、性節儉、常卧布被、

蔣翊

蔣翊、字元卿、後母憎之、伺翊寢、操斧斫之、值翊如廁、

宗慶

宗慶、字叔平、為長沙太守、民養子者三千餘人、男女皆以宗為名、

郇刪

郇刪、字次孫、早孤、以至孝稱、值天下亂、野無烟火、而獨在冢側、每賊過、見其尚幼而有志節、奇而哀之、

喜夷

喜夷、為壽陽令、蝗入輒死、

李膺

李膺、為蜀郡太守、蜀之珍玩、不入於門、益州紀其政化

巴异

巴异、為重泉令、吏民向化、鸞鳥止學宮、

卜福

卜福、為廷尉、執謙求退、上以為太中大夫、

陳導

光武賜陳導駭犀劍、

楊喬

東観漢記　卷二十一　十二

楊喬曰、臣伏見二千石典牧千里、

翟歆

翟歆、字敬子、父于以功封臨沮侯、歆當嗣爵、以母年老國遠上書辭讓、詔許、乃賜關內侯

魏成

魏成、曾孫純坐許訕、國除、

畢尋

利取侯畢尋玄孫守、坐姦人妻、國除、

段普

首鄉侯段普，曾孫勝，坐殺婢，國除。

二月廿八校

邢崇

夕陽侯邢崇，孫之，為賊所盜亡印綬，國除。

陰猛

陰猛好學，溫良，稱于儒林，為太祝令，以博通古今，遷太史令。

羊融

羊融字子優，為大司農，性明達，稱為名卿。

張意

張意拜驃騎將軍，討東甌，備水戰之具，一戰大破，所向無前。

沈豐

沈豐字聖達，為零陵太守，為政慎刑，重殺罪，法辭訟，初不歷獄，嫌疑不決，一斷于口，鞭杖不舉，市無刑戮，僚友有過，初不暴揚，有奇謀異略，輒為談述，曰：太守所不及也。到官一年，甘露降，芝草生。

出歆

出歆，守平皐長，有報父仇賊自出，歆召詣閤，曰：欲自受其辭。既入，解械，飲食，使發遣，遂棄官亡命，逢赦出，由是

鄉里服其高義、

蕭彪

蕭彪字伯文、京兆杜陵人、累官巴郡太守、父老、乞供養、父有賓客、輒立屏風後、應受使命、父嗜餅、每自買進之、

陳囂

陳囂字君期、習韓詩、語曰關東說詩陳君期、

東觀漢記卷二十一

案陰文

案陰文

案陰文

校録黃繩祖

東觀漢記卷二十二

列傳十七　列女　外裔

鮑宣妻

鮑宣之妻、桓氏女也、字少君。宣嘗就少君父學、父奇其清苦、以女妻之、裝送甚盛。宣不悅、謂妻曰、少君生而驕富、習美飾、而吾貧賤、不敢當禮。妻曰、大人以先生修德守約、故使賤妾侍執巾櫛、既奉君子、惟命是從。妻乃悉歸侍御服飾、更著短布裳、與宣共挽鹿車、歸鄉里。拜姑禮畢、提甕出汲、修行婦道、鄉邦稱之。（案鮑宣已見班書、此篇以補其闕）

闕范書列女傳襲之

東觀漢記　卷二十二　一

江伯姊

山陽郡人江伯欲嫁姊、姊引鎌欲自割。

匈奴南單于

單于比、匈奴頭曼十八代孫。十二月癸丑、匈奴始分為南北單于。（案范書本傳此為建武二十四年事）單于歲祭三龍祠、走馬、鬪橐駝、以為樂事。建武二十六年、南單于遣使獻駱駝二頭、文馬二匹。南單于來朝、賜御食、及橙橘、龍眼荔枝。（案范書光武紀、及南匈奴傳、無單于來朝事、此亦誤錄）南單于上書、獻

二案字俱陸文

橐駝、賜鹿蠡王羽車一駟。案范書南匈奴傳此賜北單于之鹿蠡王於除鞬也上

遣單于、饗賜作樂百戲、上幸離宮臨觀。案范書順帝紀此漢安二年夏

六月事

莋都夷

遠夷樂德歌詩曰、提官隗構、大漢是治。魏冒踰糟、與天意合。罔驛劉脾、吏譯平端。旁莫支留、不從我來。徵衣隨旅、聞風向化。知唐桑艾、所見奇異。邪毗緹[糹甫]、多賜繒布。推潭僕遠、甘美酒食。拓拒蘇便、倡樂肉飛。局後仍離、屈申悉備。僂讓龍洞、蠻夷貧薄。莫支度由、無所報嗣。陽雒僧鱗、願主長壽。莫稺角存、子孫昌熾。

遠夷慕德歌詩曰、僂讓皮尼、蠻夷所處。且

交陵悟、日入之部。繩動隨旅、慕義向化。路且揀雒、歸日出主。聖德渡諾、聖德深恩。魏菌度洗、與人富厚。綜邪流藩、冬多霜雪。莋邪尋螺、夏多和雨。藐潯瀘灕、寒溫時適。菌補邪推、部人多有。辟危歸險、涉危歷險。莫受萬柳、不遠萬里。術疊附德、去俗歸德。仍路孳摸、心歸慈母。

遠夷懷德歌詩曰、荒服之儀、荒服之外。犂籍憐憐、土地墝埆。阻蘇邪犂、食肉衣皮。莫碭麤沭、不見鹽穀。罔譯傳微、吏譯傳風。是漢夜拒、大漢安樂。蹤優路仁、攜負歸仁。雷折險龍、觸冒險狹。倫狼藏幢、高山岐峻。扶路側祿、緣崖磻石。息落服溪、木薄發家。理歷髭雒、百宿到雒。捕菹菌毗、父子同賜。懷豪匹漏、懷抱匹帛。傳言呼敕、傳告種人。陵陽臣僕、長願臣僕。案范書[illegible]傳永平中益州刺史朱輔宣

安息二事
接擬上文

案隆文

案隆文

校録黃繩祖

示漢德、合狼槃木唐菆等百餘國慕化歸義、作詩三章、輔令犍為郡掾田恭訊其風俗、譯其辭語、遣從事史李陵與恭護送詣闕、并上其樂詩、此文提官偶搆以下、並夷人本語、注大漢是治云云、則田恭所譯華言、載之范書者也、

西羌

西羌祖爰劍為秦所奴隸而亡、藏巖穴中、見焚、有影象如虎、為蔽火、得不死、諸羌以為神、推以為豪、護羌賓林奉使羌顛岸降詣林、林欲以為功效、奏言大豪、後顛岸兄顛吾復詣林、林言其第一豪、問事狀、林對前後西屈、林以誣罔詣獄、上不忍誅、免官、後涼州刺史奏林臧罪、復收繫羽林監、遂死獄中、案顛岸顛吾范書本傳作滇岸滇吾 羌什長

鞏便、案此上下文闕、金城隴西卑湳勒姐種羌反出塞外

西域

永元二年

[illegible] 案此見范書耿恭傳李賢注、蓋內地出西域之道里也、永元

安息王獻條支大雀、此雀卵大如甕、

案陰文

三百卅八 [illegible]

東觀漢記卷二十三

載記

劉玄

案載記之名為史記漢書所未有此本書創例也劉知幾史通題目篇云東觀以平林下江諸人列為載記古今正史篇又云明帝詔班固陳宗尹敏孟異作世祖本紀並撰功臣及新市平林公孫述事作列傳載記二十八篇敘新市平林發難最先公孫述削平獨後史通舉此以包載記之終始則知其他專兵竊據者盡當列諸載記故今自更始而下以類編入

劉玄、字聖公、光武族兄也、弟為人所殺、聖公結客欲報之、客犯法、聖公避吏于平林、吏繫聖公父子張、聖公詐死、使人持喪歸舂陵、吏乃出子張、聖公因自逃匿、王莽末、南

方饑饉、人庶羣入野澤、掘鳧茈而食、更相侵奪、新市人王匡王鳳為平理爭訟、遂推渠帥、衆數百人、諸亡命往從之、數月間至七八千人、號新市兵、平林人陳牧、廖湛、復聚千餘人、號平林兵、聖公入平林中、與伯升會、共圍宛、聖公號更始將軍、自破甄阜等、衆庶來降十餘萬、將立劉氏、南陽英雄皆歸望于伯升、然漢兵以新市平林為本、其將帥素習聖公、因欲立之、而朱鮪立壇城南淯水上、詣伯升、呂植通禮經、為謁者、將立聖公為天子、議以示諸將、馬武、王匡以為王莽未滅、不如且稱王、張

印拔劍擊地曰稱天公尚可稱天子何謂不可于是諸將軍起聖公至于壇所奉通天冠進聖公聖公乃拜冠南面而立改元爲更始元年光武爲太常偏將軍破二公于昆陽城而更始收劉稷及伯升卽日皆物故光武馳詣宛謝罪更始大慙長安中兵攻王莽斬首收璽綬詣宛更始入便坐黃堂上視之曰莽不如此當與霍光等更始韓夫人曰莽不如此帝那得爲之更始北都雒陽李松等自長安傳送乘輿服御物及中黃門從官至雒陽閱ㄥ咸想望天子更始遂西發雒陽李松奉

引車馬奔觸北闕鐵柱門三馬皆死更始至長安居東宮鍾鼓帷帳宮人數千官府閭里安堵如舊更始上前殿郎吏以次侍更始媿恧俛刮席與小常侍語郎吏怪之更始納趙萌女爲后有寵遂委政于萌日夜與婦人歡讌後庭羣臣欲言事輒醉不能見時不得已乃令侍中坐帷内與語諸將識非更始聲出皆怨之更始韓夫人尤嗜酒每侍飲見常侍奏事輒怒曰帝方對我飲正用此時持事來乎起抵破書案所置牧守交錯州郡不知所從趙萌以私事責侍中侍中曰陛下救我更始言

即拔劍擊地曰：稱天公尚可，稱天子何謂不可。于是諸將軍起聖公至于壇所，奉通天冠進聖公，于是聖公乃拜冠，南面而立，改元為更始元年。光武為太常偏將軍，破二公于昆陽城，而更始收劉稷及伯升，即日皆物故。光武馳詣宛謝罪，更始大慚。長安中兵攻王莽，斬首收璽綬詣宛。更始入便坐黃堂上視之，曰：莽不如此，當與霍光等。更始韓夫人曰：莽不如此，帝那得為之。更始北都雒陽，李松等自長安傳送乘輿服御物，又中黃門從宦至雒陽，閭「故想望天子。更始遂西發雒陽，李松奉引，車馬奔觸北闕鐵柱門，三馬皆死。更始至長安，居東宮，鐘鼓帷帳，宮人數千，官府閭里，安堵如故。更始上前殿，郎吏以次侍，更始媿恧，俯刮席，與小常侍語，郎吏怪之。更始納趙萌女為后，有寵，遂委政于萌，日夜與婦人飲讌後庭，群臣欲言事，輒醉不能見，時不得已，乃令侍中坐帷內與語，諸將識非更始聲，出皆怨之。更始韓夫人尤嗜酒，每侍飲，見常侍奏事，輒怒曰：帝方對我飲，正用此時持事來乎。起，抵破書案。所置牧守交錯，州郡不知所從。趙萌以私事責侍中，侍中曰：陛下救我。更始言

案陸文

以下又案字俱陸文

大司馬縱之、萌曰、臣不受詔、遂斬之、又所置官爵、皆出
羣小、三輔苦之、被服不法、或繡面衣錦袴諸于襜褕、案此駰本作被服威儀、不以衣冠、或繡擁衣錦袴、又作諸將皆冠幘而服婦人衣諸于襜褕、罵詈道
路、為百姓之所賤、長安中為之歌曰、竈下養、中郎將、爛
羊胃、騎都尉、爛羊頭、關內侯、官爵多羣小、里閭語曰、使
兒居市決、作者不能得、傭之市空返、問何故、曰、今日騎
都尉往會日也、由是四方不復信向京師、雒陽人韓鴻
為謁者、更始二年、使持節降河北、拜除二千石、其冬、赤
眉十餘萬人入關、徐宣樊崇等入至弘農枯樅山下、與

更始將軍蘇茂戰、崇北至蓩鄉、轉至湖、赤眉引兵入上
林、更始騎出廚城門、諸婦女皆從後車呼、更始當下拜
城、更始下為拜謝城、乃去、至高陵、光武聞更始失城、乃下
詔、封更始為淮陽王、而赤眉劉盆子亦下詔以聖公為
長沙王、仍許來降、案此下有闕文上璽綬、赤眉乃封為畏威案此下脫侯字
一赤眉、案此上下均有闕文謝祿曰、案此上當脫去張卬等謂四字三輔兵
後、欲得更始、一旦失之、案此下有闕文詔鄧禹收葬霸陵、
公賓就案公賓就、申屠志皆更始所封、陳遵為更始大司馬護軍、沒于更始存時、故編其後、
三輔豪傑入長安、攻未央宮、庚戌、案班書王莽傳庚戌、更始元年十月三日

大司馬縱之謝曰臣不受詔遂斬之又所置官爵皆出
羣小三輔苦之被服不法或繡面衣錦袴諸于襜褕
[illegible]罵詈道
路為百姓之所賤長安中為之語曰竈下養中郎將爛
羊胃騎都尉爛羊頭關內侯[illegible]小里閭語曰[illegible]
兒居市決作者不能得備之市空為閭柯故曰今日[illegible]
都尉往會日也由是四方不復信向京師維屬人韓鴻
為謁者更始二年使持節降河北拜除二千石其又[illegible]
為千餘萬人入關[illegible]入室[illegible]山下興

東觀漢記　卷二十三　三

更始將軍蘇茂戰[illegible]北[illegible]轉至湖赤眉引兵入上
林更始騎出廚城門諸婦女皆從後車呼更始當下拜
城更始下[illegible]拜謝城乃去[illegible]高陵[illegible]更始來[illegible]乃下
詔封更始為淮陽王而赤眉劉盆子下詔以聖公為
長沙王更始乃許來降[illegible]上璽綬赤眉乃封為[illegible]
敗下[illegible]赤眉[illegible]三輔兵
從城得更始一旦失之[illegible]詔鄧禹收葬霸陵
公賓就[illegible]
三輔豪傑入長安攻未央宮[illegible]（更始元年十月三日　班書王莽傳）

業陰文

業陰文

四業字俱陰文

也、范書光武紀、則以誅莽為九月事、杜虞殺莽于漸臺、案杜虞、班書作杜吳、東海公
賓就得其首、傳詣宛、封滑侯、

申屠志

申屠志、以功封汝陰王、上書以非劉氏還王璽、改為潁
陽侯、案志范書不載、更始傳有申屠建封平氏王、而以非劉氏辭王封者乃朱鮪也、此文疑誤

陳遵

陳遵、案班書游俠傳、遵字孟公、杜陵人、使匈奴、詔賜駮犀劍、

劉盆子

赤眉欲立宗室、以木札書符曰、上將軍、與兩空札置笥

中、大集會三老從事、令劉盆子等、案范書本傳、盆子、太山式人、三入
居中央、案三人、謂盆子、及其兄茂、與前西安侯劉孝、一人奉符、以年次探之、
盆子最幼、探得將軍、三老等皆稱臣、劉盆子年十五、被
髮徒跣、卒見衆拜、恐懼啼泣、從劉俠卿居、案范書本傳、盆子初在
赤眉軍中、屬右校卒史劉俠卿、主芻牧牛、及僭立後、復還依俠卿、俠卿為制朱絳單衣半
頭赤幘、直綦履、盆子朝夕朝俠卿、禮之、數祠城陽景王、
案城陽景王、即朱虛侯章也、盆子乃其裔孫、樊崇等以巫言景王大怒而立之、使盆子乘車入
長安、時掖庭中宮女猶有數百千人、自更始敗後、幽閉
殿內、掖庭中蘆菔根、捕池魚而食之、赤眉遇光武軍、驚

案陸文

案陸文

囊不知所為、乃遣劉恭乞降、曰、盆子將百萬軍降陛下何以待之、上曰、待汝以不死耳、盆子及丞相徐宣以下二十餘萬人、肉袒降、奉高皇帝傳國璽綬、詔以屬城門校尉、賊皆輸鎧仗、積兵甲宜陽城西、與熊耳山齊、

赤眉 [案]樊崇等、皆劉盆子臣、故編其後、

琅邪人樊崇、字細君、起兵于莒、同郡東莞人逄安、字少子、東海臨沂人徐宣、字驕穉、謝祿、字子奇、及楊音、各起兵數萬人、崇欲與王莽戰、恐其衆與莽兵亂、乃皆朱其眉、以相識別、由是號曰赤眉、赤眉入安定北地、至陽城

逄大雪、士卒多凍死、光武作飛䖟箭以攻赤眉、赤眉平後、百姓飢餓、人相食、黃金一斤易豆五斗、

呂母 [案]呂母、范書附劉盆子傳、故今編赤眉傳後、

海曲有呂母、其子為縣吏、犯小罪、縣宰殺之、呂母家素富、豐貲產、乃益釀醇酒、少年來沽者、貰之、視其乏者、輒假衣裝、少年欲相與償之、呂母垂泣曰、縣宰枉殺吾子、欲報怨耳、諸君寧肯哀之乎、少年許諾、遂相聚得數百人、因與呂母入海、自稱將軍、遂破海曲、執縣宰斬之、以其首祭子冢、呂母賓客徐次子等、自號搤虎、

漢不知所為，乃遣劉恭乞降曰：盆子將百萬衆降，陛下何以待之？上曰：待汝以不死耳。盆子及丞相徐宣以下二十餘萬人肉袒降，奉高皇帝傳國璽綬，詔以屬城門校尉。賊皆輸鎧仗，積兵甲宜陽城西，與熊耳山齊。

赤眉〔案〕樊崇等皆劉盆子臣，故編其後。

瑯邪人樊崇字細君，起兵于莒，同郡東莞人逢安字少子，東海人徐宣字驕稚，謝祿字子奇，及楊音各起兵，數萬人，崇欲與王莽戰，恐其衆與莽兵亂，乃皆朱其眉以相識別，由是號曰赤眉。赤眉入安定、北地，至陽城

逢大雪，士卒多凍死。光武作飛寅箭以攻赤眉，赤眉平。

後百姓飢餓，人相食，黃金一斤易豆五升。

呂母〔案〕呂母，范書附劉盆子傳，故今編赤眉傳後。

海曲有呂母，其子為縣吏，犯小罪，縣宰殺之。呂母家素富，豐貲產，乃益釀醇酒，少年來沽者，皆貰之，視其乏者，輒假衣裳，少年欲相與償之。呂母垂泣曰：縣宰枉殺吾子，欲報怨耳，諸君寧肯哀之乎？少年許諾，遂聚數百人，因與呂母入海，自稱將軍，遂破海曲，執縣宰，斬之，以其首祭于冢。呂母賓客徐次子等自號搤虎。

三葉字係陰文

王郎案范書王昌傳，昌一名郎，趙國邯鄲人。

宮婢生子，正與同時，即易之。案范書本傳：初，王莽篡位，長安中或自稱成帝子子輿者，莽殺之。郎緣是詐稱真子輿，云母故成帝謳者，嘗下殿卒僵，須臾有黃氣從上下，半日乃解，遂妊身，就館。趙后欲害之，偽易他人子，以故得全。云云。此即王郎惑衆之辭也。知命者侍郎韓公等，案范書本傳：趙繆王子林等立郎為天子，移檄州郡曰：制詔部刺史、郡太守曰：朕，孝成皇帝子子輿者也。昔遭趙氏之禍，因以王莽篡殺，賴知命者將護朕躬。云云。此即檄中語，而稍異者，蓋范書乃節錄之文。王郎

亙郎遣諫議大夫杜威持節詣軍門，上遣棨戟延請入軍，威稱說實成帝遺體子輿也。上曰：設使成帝復生，天下不可得，況詐子輿乎。

盧芳

盧芳，字君期，安定人，屬國胡數千畔在參蠻，芳從之，詐姓劉氏，自稱西平王，會匈奴句林王將兵來降參蠻胡，芳因隨入匈奴，留數年，單于以中國未定，欲輔立之，遣毋樓且渠王求入五原，與假號將軍李興等結謀，興北至單于庭迎芳，芳外倚匈奴，内因興等，故能廣略邊郡。

蘇茂

蘇茂，陳留人，殺淮陽太守，得其郡，營廣樂，大司馬吳漢圍茂，茂將其精兵突至湖陵，與劉永相會。

王郎

[illegible]

王郎遣諫議大夫杜威持節詣軍門，上遣棨戟延請入軍。威稱說實成帝遺體子輿也。上曰：「設使成帝復生，天下不可得，況詐子輿乎。」

盧芳

盧芳字君期，安定人。屬國胡數千畔，在參蠻，芳從之，詐姓劉氏，自稱西平王。會匈奴句林王將兵來降參蠻胡，芳因隨入匈奴。留數年，單于以中國未定，欲輔立之，遣毋樓且渠王求入五原，與假號將軍李興等結謀。興北至單于庭迎芳。芳外倚匈奴，內因興等，故能廣略邊郡。

蘇茂

蘇茂，陳留人。殺淮陽太守，得其郡，營廣樂。大司馬吳漢圍茂，茂將其精兵突至湖陵，與劉永相會。

二案字係陽文

彭寵

彭寵字伯通，南陽宛人也。父容，（案：本□范書傳容作宏）哀帝時為漁陽太守，有名于邊。容貌飲食絕衆。是時單于來朝，當道二千石皆選容貌飲食者，故容徙為雲中太守。寵為漁陽太守，容貌絕衆，（案：此□恐即寵父容事，而採掇者誤屬之寵。）朱浮密奏寵，上徵之。寵既自疑，其妻勸寵無應徵，令漁陽大郡，兵馬衆多，奈何為人所奏而棄此去？寵與所親信吏計議，吏皆怨浮，勸寵止，不應徵。寵妻夢臝袒冠幘，踰城髡徒推之。又寵堂上聞蝦蟇聲在火爐下，鑿地求之，不得。詔討

□寵者封，俟寵奴子密等三人共謀劫寵。寵時齋，獨在便坐室中晝臥。子密等三人縛寵著牀板，告外吏：大王解齋，吏皆便休。又用寵聲呼其妻入室，見寵□驚曰：奴反。奴乃捽其妻頭，擊其頰。寵曰：趣為諸將軍辦裝。兩奴將妻入取寵物，一奴守寵。寵謂奴曰：若小兒，我素所愛，今解我縛，當以女珠妻若，小奴見子密，聽其語，遂不得解。子密收金玉衣物，使寵妻縫兩縑囊。夜解寵手，令作記告城門將軍云：今遣子密等詣子后蘭卿所，其開出勿稽留。書成，即斷寵及妻頭，置縑囊中，西入上告。朝廷

以奴殺主不義，復不可不封，乃封子密為不義侯。

張豐

涿郡太守張豐舉兵反。初，豐好方術，有道士言豐當為天子，以五綵囊盛石繫豐肘，云石中有玉璽。豐信之，遂反。既敗，當斬，猶言肘有玉璽。椎破之，豐知被詐，仰天歎曰：當死無所恨。

秦豐

秦豐，邔縣人。少學長安，受律令，歸為縣吏。更始元年，起兵攻得邔、宜城、若、編、臨沮、中沮、廬、襄陽、鄧、新野、穰、湖陽、蔡陽，兵合萬人。

鄧奉

光武以鄧奉為輔漢將軍。奉拒光武瓜里。案范書岑彭傳：建武二年，帝遣吳漢伐南陽諸賊，漢軍所過多侵暴。時鄧奉謁歸新野，怒漢掠其鄉里，遂據淯陽反。三年，帝自將南征，破斬之。

龐萌

龐萌，山陽人。為平狄將軍，與蓋延共擊董憲。詔書獨下延，而不及萌。萌以為延譖己，自疑，遂反。上聞之，大怒，乃自將兵討萌。與諸將書曰：吾常以龐萌為社稷臣，將軍

以奴殺主不義復不可不封乃封子密為不義侯

張豐

涿郡太守張豐好方術有道士言豐當為天子以五綵囊裹石繫豐肘云石中有玉璽豐信之遂反既敗當斬猶言肘有玉璽椎破之豐乃知被詐仰天歎曰當死無所恨

秦豐

秦豐邔縣人少學長安受律令歸為縣吏更始元年起兵攻得邔宜城若編臨沮中廬襄陽鄧新野穰湖陽

蔡陽兵合萬人

鄧奉

光武以鄧奉為輔漢將軍奉詔光武本里（闕）范書[illegible] 帝遣吳漢伐南陽諸賊漢軍所過多侵暴時[illegible] 新野[illegible]其鄉里[illegible]遂反三年帝自將南征[illegible]

龐萌

龐萌山陽人為平狄將軍與蓋延共擊董憲詔書獨下延而不及萌萌以為延譖己自疑遂反上聞之大怒乃自將兵討萌與諸將書曰吾常以龐萌為社稷臣將軍

得無笑其言乎、

隗囂

隗囂字季孟、天水人也、囂既立、使聘平陵方望為軍師、望至、說囂曰、足下欲承天順民、輔漢而起、今立者乃在南陽、王莽尚據長安、雖欲以漢為名、其實無所受命、將何以見信于衆、宜急立高廟、稱臣奉祠、所謂神道設教求助民神者也、且禮有損益、質文無常、削地開兆、茅土階以致其肅敬、雖未備物、神明其舍、諸囂從其言、以王莽篡逆、復漢之祚、乃立高祖太宗之廟、稱臣執事史奉

璧而告、祝畢、有司穿坎于庭、割牲而盟、光武與囂書曰、蒼蠅之飛、不過三數步、託驥之尾、得以絕羣、囂故宰府掾吏善為文書、每上書移檄、士大夫莫不諷誦、囂將王元說囂曰、昔更始西都、四方響應、天下喁喁、謂之太平一旦敗壞、今南有子陽、北有文伯、江湖海岱、王公十數而欲牽儒生之說、棄千乘之基、計之不可者也、今天水完富、士馬最強、北取西河、東收三輔、案秦舊跡、表裏山河、元請以一丸泥為大王東封函谷關、此萬世一時也、若計不及此、且蓄養士馬、據隘自守、曠日持久、以待

方之變、圖王不成、其弊猶足以霸、囂然其計、杜林先去、餘稍稍相隨東詣京師、光武賜囂書曰、吾年已三十餘、在兵中十歲、所更非一、厭浮語虛辭耳、岑彭與吳漢、圍囂于西城、救彭書曰、西城若下、便可將兵南擊蜀虜、人苦不知足、既平隴、復望蜀、每一發兵、頭鬢為白、漢圍囂、囂窮困、其大將王捷登城呼漢軍曰、為隗王城守者、皆必死無二心、願諸將軍亟罷、請自殺以明之、遂刎頸而死、時民飢饉、乃噉弩煮履、建武九年正月、囂病且餓、出城餐糗精、恚憤腹脹而死、囂負隴城之固、納王元之說

雖遣子春卿入質、猶持兩端、光武于是稍黜其禮、正君臣之義、（案此六句當是亭中語）

公孫述

公孫述、字子陽、扶風茂陵人、述之先、武帝時以吏二千石、自無鹽徙成帝末、述父仁為侍御、任為太子舍人、稍增秩為郎、初垣副以漢中亭長聚衆降宗成、自稱輔漢將軍、述攻成、大敗之、副殺成、降蜀郡功曹李熊說述曰、方今四海波蕩、匹夫橫議、將軍割據千里、地方十城、若奮發盛德以投天隙、霸王之業成矣、宜改名號以鎮百姓、述

方之變圖王不成其弊猶足以[illegible]囂然其計杜林先去
餘稍稍相隨東詣京師光武賜囂書曰吾年已三十餘
在兵中十歲所更非一厭浮語虛辭耳今若與漢圖
囂子西城救說書曰西城若不下便可將兵南擊蜀虜人
苦不知足既平隴復望蜀每一發兵頭鬚為白漢圍囂
囂窮困其大將王捷登城呼漢軍曰為隗王城守者皆
必死無二心願諸將軍亟罷請自殺以明之遂刎頸而
死時民飢饉乃噉弩煮履囂女九年正月囂病且餓出
城餐糗糒恚憤腹脹而死囂負隴城之固納王元之說

東觀漢記　卷二十三　十

雖遣子春卿入質猶持兩[illegible]光武于是稍黜其禮正
君臣之義（按此中[illegible]詳可當）

公孫述
公孫述字子陽扶風茂陵人其先武帝時以吏二千
石自無鹽徙焉成帝末述以父仁為侍御史任為太子舍人稍
補秩為郎後更始以漢中亭長聚眾降宗成自稱輔漢將
軍述攻成大敗之因據成都蜀郡功曹李熊說述曰方
今四海波蕩匹夫橫議將軍割據千里地方十城若奮
發盛德以投天隙霸王之業成矣宜改名號以鎮百姓述

索隱文

曰吾亦慮之公言起我意于是自立為蜀王熊復說述曰今山東饑饉人民相食兵所屠滅城邑丘墟蜀地沃野千里土壤膏腴果實所生無穀而飽女工之業覆衣天下名材竹幹不可勝用又有魚鹽銀銅之利浮水轉漕之便北據漢中杜褒斜之塗東守巴郡拒扞關之口地方數千餘里戰士不下百萬見利則出兵兵而略地無利則堅守而力農東下漢水以窺秦地南順江流以震荆揚所謂用天因地成功之資也君有為之聲聞于天下而名號未定志士狐疑宜即大位使遠人有所依

二月廿八 校

十二

東觀漢記　卷二十三

歸述夢有人語之曰八厶子系十二為期覺語其妻對曰朝聞道夕死尚可況十二乎有龍出府殿中夜有光耀述以為符瑞因稱尊號自立為天子改元曰龍興造十層赤樓述自言手文有奇瑞[圖范書本傳述刻其掌文曰公孫帝]數移書中國上賜述書曰瑞應手掌成文亦非吾所知承赤者黃也姓當塗其名高也平陵人荆邯以東方漸平兵西向說述曰兵者帝王之大器古今所不能廢也昔秦失其守豪傑竝起漢祖有無前人之迹立錐之地于戰陣之中躬自奮擊兵破身困數矣然軍敗復合創愈復

曰吾亦慮之公言起我意於是自立為蜀王熊復說述曰今山東饑饉人民相食兵所屠滅城邑丘墟蜀地沃野千里土壤膏腴果實所生無穀而飽女工之業覆衣天下名材竹幹不可勝用又有魚鹽銅銀之利浮水轉漕之便北據漢中杜褒斜之塗東守巴郡拒扞關之口地方數千餘里戰士不下百萬見利則出兵[illegible]志略地無利則堅守而力農東下漢水以窺秦地南順江流以震荊揚所謂用天因地成功之資也今有為之聲聞于天下而名號未定志士狐疑宜即大位使遠人有所依

歸述夢有人語之曰八厶子系十二為期覺語其妻曰朝聞道夕死可矣況十二乎有龍出其府殿中夜有光耀述以為符瑞因稱尊號自立為天子改元曰龍興十層赤樓述自言手文有奇瑞(案范書本傳述刻其掌文曰公孫帝)數移書中國上賜述書曰瑞應手掌成文亦非吾所知承赤者黃也姓當塗其名高也平陵人荊邯以東方漸平兵西向說述曰兵者帝王之大器古今所不能廢也昔秦失其守豪傑並起漢祖[illegible]無前(跡)人之立錐之地于戰陣之中躬自奮擊兵破身困數矣然軍敗復合瘡愈復

戰、何則死而功成、愈于坐而滅亡、臣之愚計、以為宜及天下之望未絕、豪傑尚可招誘、急以此時發國內精兵、令田戎據江南之會、倚巫山之固、築壘守堅、傳檄吳楚長沙以南、必隨風而靡、令延岑出漢中、定三輔、天水隴西、拱手自服、如此海內震搖、冀有大利、今東帝無尺土之柄、驅烏合之衆、跨馬陷敵、所向輒平、不亟乘時、與之分功、而坐談武王之說、是效隗囂欲為西伯也、述然邦言、欲悉發北軍屯士、及山東客兵、使延岑田戎分出兩道、與漢中諸將合兵并勢、蜀人及其弟光以為不宜空國千

里之外、決成敗于一舉、固爭之、述乃止、隗囂敗、述懼、欲安其衆、成都郭外有秦時舊倉、改名白帝倉、自王莽以來常空、述詐使人言、白帝倉出穀如山陵、百姓空市里往觀之、述乃大會群臣、問曰、白帝倉出穀乎、皆對言無、述曰、訛言不可信、道隗王破者復如此矣、漢兵守成都、述謂延岑曰、事當奈何、岑曰、男兒當死中求生、可坐窮乎、財物易聚耳、不宜有愛、述乃悉散金帛、募敢死士五千餘人、以配岑、于市橋偽建旗幟、鳴鼓挑戰、而潛遣奇兵出吳漢軍後、襲擊破漢、漢墮水、緣馬尾得出

延岑（案：岑與田戎皆臣於述，故編其後。）

岑字叔牙，筑陽人。（案：范書公孫述傳作南陽人。）岑衣虎皮襜褕，宿下邑亭，亭長白言：睢陽賊衣絳罽襜，今宿客疑是，乃發卒來，岑臥不動，吏謝去。

田戎

田戎，西平人，與同郡人陳義客夷陵，為群盜。更始元年，義、戎將兵陷夷陵，義自稱黎丘大將軍，戎自稱埽地大將軍。戎至期日，灼龜卜降，兆中坼，遂止不降。（案：范書岑彭傳：建武四年，戎聞秦豐被圍，刻期日降，而妻兄辛臣盜戎珍寶，從間道先降，戎疑其賣己，遂不敢降，後為岑彭所破，亡降公孫述。）

銅馬等群盜

銅馬賊帥東山荒禿、上淮況等，大彤渠帥樊重，尤來渠帥樊崇，五校賊帥高扈，檀鄉賊帥董次仲，五樓賊帥張文，富平賊帥徐少，獲索賊帥古師郎等。

東觀漢記卷二十三

東觀漢記卷二十四

佚文[圈]本書單文碎句、無篇可歸者、別爲佚文、編次如左、

元始元年、拜王舜爲太保、[圈]以下三條、俱姚之駰本、此見班書王莽傳、舜、莽從弟、本書載此、當是徵引及之也、

丁明代傅喜爲大司馬、亦任事、頗害賢寵、及丞相王嘉死、明甚憐之、上寢重賢、欲極其位、而恨明如此、遂策免明、上印綬還第、[圈]此見班書佞倖傳、賢謂董賢、本書當亦引及、

詔曰、三輔皆好彈、一大老從旁舉身、曰噫唏哉、[圈]此見虞世南北堂書鈔、未知何帝詔文、

後漢有南宮、北宮、承光宮也、[圈]以下二條、俱永樂大典本、此見北堂書鈔、與後漢有沛宮一條、均非史體、疑是他書之文、而誤題本書者、

霍光薨、賜繡被百領、[圈]此條見北堂書鈔、

元年、營造明堂靈臺辟雍、此即明三事不同也、[圈]此條見歐陽詢藝文類聚、攷范書光武紀、中元元年、初起明堂靈臺辟雍、漢儒多以明堂辟雍爲一所、此其辨晰之語、未知何人所陳、

漢有沛宮、甘泉宮、龍泉宮、太一宮、思子宮、後漢有胡桃宮、[圈]此條見徐堅初學記、

栗駭蓬轉、因遇際會、[圈]以下六條、俱見文選李善注、

太史曰、忠臣畢力、

詔曰、吏安其職、民樂其業、

北裔寇作、無雞鳴狗吠之聲、

千里無烟火、

使先登偵之、言虜欲去、

詔書、今功臣家自記功狀、不得自增加、以變時事、或自道先祖形貌表相、無益事實、復曰齒長一寸、龍顔虎口、奇毛異骨、形容極變、亦非詔書之所知也、（圈以下二條、俱見太平御覽、）

揚雄好著書、而口吃不能劇談、

附東觀漢記范書異同（圈本書與范書異同者、具見於李賢注、李注中所引本書、原委分明、或其文別爲他書所引、可采錄互證者、皆已散見各篇、其僅摘半語或一二字、不可句讀者、統編於後、若本書有明文、而范書刪落者、附焉、）

范書光武紀、建武元年、光武北擊尤來大搶五幡於元氏、追至右北平、連破之、李賢注、北平縣屬中山國、今易州永樂縣也、案東觀記續漢書並無右字、此加右、誤也、營州西南別有右北平郡故城、非此地、

范書和帝紀、永元四年夏六月、詔收捕竇憲黨、射聲

校尉郭璜下獄死、李賢注、郭况子、東觀記璜作瑝、
范書和帝紀永元九年撣國重譯奉貢、李賢注、撣東
觀記作擅、
范書和帝紀、永元十一年、復置右校尉官、李賢注、東
觀記曰、置在西河鵠澤縣、
范書和帝紀、永元十六年十一月、行幸緱山、登百岯
山、李賢注、即柏岯山也、在洛州緱氏縣南、爾雅云、山
一成曰岯、東觀記作坏、
范書和帝紀、元興元年五月癸酉、雍地裂、李賢注、東

觀記曰、右扶風雍地裂、流俗本雍下有州者、誤也、
范書安帝紀永初四年夏四月、六州蝗、李賢注、東觀
記曰、司隸豫兗徐青冀六州、
范書安帝紀、元初四年秋七月、京師及郡國十雨水、
詔曰、月令仲秋養衰老、授几杖、行糜粥、方今案比之
時郡縣多不奉行、李賢注、東觀記曰、方今八月案比
之時、謂案驗户口次比之也、
范書安帝紀、延光四年春三月、帝崩、立章帝孫濟北
惠王壽子北鄉侯懿、李賢注、東觀記及續漢書、並曰

北鄉侯犢、今作懿、蓋二名、

范書順帝紀陽嘉二年冬十月庚午、行禮辟雍、奏應鍾、始復黃鍾作樂器隨月律李賢注、東觀記曰、元和以來、音戾不調、復修如舊典、

范書桓帝紀建和元年、陳留盜賊李堅自稱皇帝伏誅、李賢注、東觀記曰、江舍及李堅等、

范書桓帝紀延熹二年、燒當等八種羌叛寇隴右、護羌校尉段熲追及於羅亭破之李賢注、東觀記曰、追到積石山、即與羅亭相近、今鄯州、

范書清河孝王慶傳、永元十五年、有司以日食陰盛奏遣諸王侯就國、詔曰、且須復留、李賢注、東觀記須留作宿留、

范書鄧訓傳、時迷吾子迷唐別與武威種羌合兵萬騎、來至塞下、未敢攻訓、先欲脅月氏胡、訓擁衛稽故、令不得戰、李賢注、稽故、謂稽留事故也、東觀記稽故字作諸胡也、

范書吳漢傳、漢擊破五校賊於臨平、追至東郡箕山大破之北擊清河長直及平原五里賊皆平之李賢

注、東觀記及續漢書、長直並作長垣、案長垣縣名、在
河南、不得言北擊、范書作長直、當是賊號、或因地以
為名、
范書賈復傳、復馬羸、光武解左驂以賜之、李賢注、東
觀記、續漢書左並作右、
范書耿秉傳、秉與竇固擊車師、車師後王安得令其
諸將迎秉、秉大怒、被甲上馬、麾其精騎馳赴之、安得
惶恐走出門、脫帽抱馬足降、李賢注、東觀記曰、脫帽
趨抱馬蹏也、

范書耿恭傳、三月至玉門、李賢注、玉門、關名、屬敦煌
郡、在今沙州、臣賢案酒泉郡又有玉門縣、東觀記曰、
至敦煌、明即玉門關也、
范書耿恭傳、恭母先卒、及恭自車師還、追行喪制、有
詔使五官中郎將齎牛酒釋服、上李賢注、據東觀記馬
嚴也、
范書岑彭傳、更始遣立威王張卬與將軍徭偉鎮淮
陽、偉反擊走卬、彭引兵攻偉破之、李賢注、東觀記徭
作滛、

范書蓋延傳：蘇茂、周建將賈休舉蘭陵城降董憲，聞
之，自郯圍休，帝敕曰：可直往擣郯，則蘭陵必自解。李
賢注：東觀記擣作擊。
范書耿純傳：真定王劉揚造作讖記，欲以惑衆，建武
二年，遣純持節行赦令於幽冀，密勅收揚，純至真定，
時揚弟林邑侯讓及從兄細各擁兵萬餘人，李賢注：
東觀記、續漢書，細並作紺。
范書任光傳：更始至雒陽，以光為信都太守。及王郎
起，郡國皆降之，光獨固守，廷掾持王郎檄，詣府白光。
李賢注：東觀記扶柳縣廷掾。
范書任隗傳：隗子屯，徙封西陽侯。屯卒，子勝嗣。李賢
注：東觀記勝作騰。
范書王常傳：更始西都長安，以常行南陽太守事，令
專命誅賞。李賢注：東觀記曰：誅不用命，封拜有功。
范書王常傳：又別率騎都尉王霸共平沛郡賊。李賢
注：東觀記曰：沛郡賊苗虛也。
范書李通傳：通建武二年，封固始侯，十八年卒，子音
嗣。音卒，子定嗣。定卒，子黃嗣。黃卒，子壽嗣。李賢注：東

觀記、黄字作箕也、
范書竇融傳、王莽居攝中、為强努（弩）將軍司馬東擊翟義、還攻槐里、以軍功封建武男、李賢注、東觀記續漢書、並云寧武男、
范書竇融傳、酒泉太守竺曾、以弟報怨殺人而去郡、李賢注、東觀記曰、曾弟嬰報怨殺屬國侯王印等、曾慙而去郡、
范書來歙傳、歙父仲、哀帝時為諫大夫、李賢注、東觀記、仲作沖、

范書來歙傳、建武十三年、帝嘉歙忠節、復封歙弟由為宜西侯、李賢注、東觀記曰、宜西鄉侯、
范書馬援傳、建武十一年、璽書拜援隴西大守、時朝臣以金城破羌之西、塗遠多寇、議欲棄之、援不可、帝然之、於是詔武威太守令悉還金城客民、李賢注、東觀記曰、梁統也、
范書梁冀傳、初冀父商、獻美人友通期於順帝、李賢注、東觀記友作支、
范書馮勤傳、勤孫由、尚平安公主、李賢注、章帝女也、

東觀記作安平、皇后紀又云由尚平邑公主、紀傳不同、未詳孰是、

范書馮衍傳、衍作顯志賦曰、孅子反於彭城兮、爵管仲於夷儀、李賢注、孅字呂忱音仕春反、勉也、東觀記作譏字、此雖作孅、亦譏刺意、衍賦又曰、歎子高於中野兮、遇伯成而定慮、李賢注、東觀記、高字作喬、謂仙人王子喬也、衍賦又曰、伏朱樓而四望兮、採三秀之華英、李賢注、東觀記及衍集、秀字作奇、英字作靈、本賦下文云、食五芝之茂英、此若是芝、不宜重說、但不

知三奇是何草也、范改奇為秀、恐失之矣、衍賦又曰、揵六枳而為籬兮、築蕙若而為室、李賢注、揵立也、枳、芬木也、晏子曰、江南為橘、江北為枳、枳芳而多刺、可以為籬、此云六枳、東觀記作八枳、案周書小開篇曰、嗚呼汝何敬非時、何擇非德、德枳維大人、大人枳維公、公枳維卿、案今本汲冢周書作大人維卿、無維公公枳四字卿枳維大夫、大夫枳維士[illegible]皇、皇維在案今周書作枳維國、枳字上闕一字、國枳維都、都枳維邑、邑枳維家、家枳維欲無疆、言上下相維、遞為藩蔽也、其數有八、與東觀記同、

范書丁鴻傳、建初四年、徙封魯陽鄉侯、李賢注、東觀記曰、魯陽鄉在尋陽郡也、案范書郡國志、揚州廬江郡有尋陽縣、各州所部無郡名尋陽者、魯陽亦縣名、隸荆州南陽郡、此疑有誤、

范書丁鴻傳、竇憲擅權、鴻因日食上封事曰、人道悖於下、效驗見於上、間者月滿先節、過望不虧、此臣驕溢背君、專功獨行也、李賢注、月滿先節、謂未及望而滿也、東觀記亦作先節、俗本作失節、誤也、

范書班超傳、建初八年、疏勒王忠反、超攻忠、康居遣精兵救之、超不能下、時月氏新與康居婚、超乃使月

氏王曉示康居王、康居王乃罷兵、執忠以歸其國、後三年、忠說康居王借兵、還居損中、遣使詐降於超、超僞許之、忠從輕騎詣超、超斬之、李賢注、損中、東觀記作頓中、續漢及華嶠書並作損中、本或作植、未知孰是、

范書鄧彪傳、元和元年、策罷太尉鄧彪、詔河南尹遣丞存問、常以八月旦奉羊酒、李賢注、東觀記曰、賜羊一頭酒二石也、

范書魯恭傳、和帝末、下令麥秋得案驗薄刑、而州郡

因此遂盛夏斷獄、永初九年、恭上疏諫曰、案易五月姤用事、經曰后以施令誥四方、李賢注、東觀記曰、五月姤卦用事、姤卦巽下乾上、初六一陰爻生、五月之卦也、

范書段熲傳、熲追羌出橋門、至走馬水上、尋聞虜在奢延澤、乃將輕兵兼行及賊、擊破之、李賢注、東觀記熲傳云出橋門谷、

東觀漢記卷二十四

圖書在版編目（CIP）數據

東觀漢記.—北京：國家圖書館出版社，2012.6
（中華再造善本）
ISBN 978-7-5013-4754-4

Ⅰ.①東… Ⅱ.Ⅲ.①中國歷史—東漢時代—紀傳體
Ⅳ.①K234.204.2

中國版本圖書館CIP數據核字（2012）第064547號

書名　東觀漢記（一函四冊）
出版　國家圖書館出版社（原北京圖書館出版社）
發行　100034 北京市西城區文津街七號
Tel:（010）66151313 Fax:（010）66121706
E-mail:Btsfxb@nlc.gov.cn（郵購）
造紙　華寶齋
印刷　杭州富陽古籍印刷廠
開本　八
印張　七三·五
版次　二〇一二年六月第一版第一次印刷
印數　一—二〇〇
書號　ISBN 978-7-5013-4754-4
定價　二九四〇圓